Julio Zelaya, PhD
Silvia Arce, PhD
Beatriz García, PhD

MANEJO DEL DINERO;
GUÍA RÁPIDA DE APLICACIÓN DE
LA TRAVESÍA: EL PODER DE EMPRENDER.
Guatemala, Centroamérica, 2023.

48 p: 23 cm.

1. Etapa de Inicio.
2. Etapa de Crecimiento.
3. Etapa de Declinación.
4. Etapa de Reinvención.

Edición 2023

ISBN 9798391570714
Diseño y diagramación: YCREA

Fotografía de Portada
© Ben Goode I Dreamstime.com

DEL MANEJO DINERO

GUÍA RÁPIDA DE APLICACIÓN DE
LA TRAVESÍA: EL PODER DE EMPRENDER

¿Cuál es su propósito?, ¿Qué le apasiona?, ¿Cuáles son sus habilidades?,
¿Qué beneficios le traerá? Tiene la oportunidad de escribirlo a continuación.

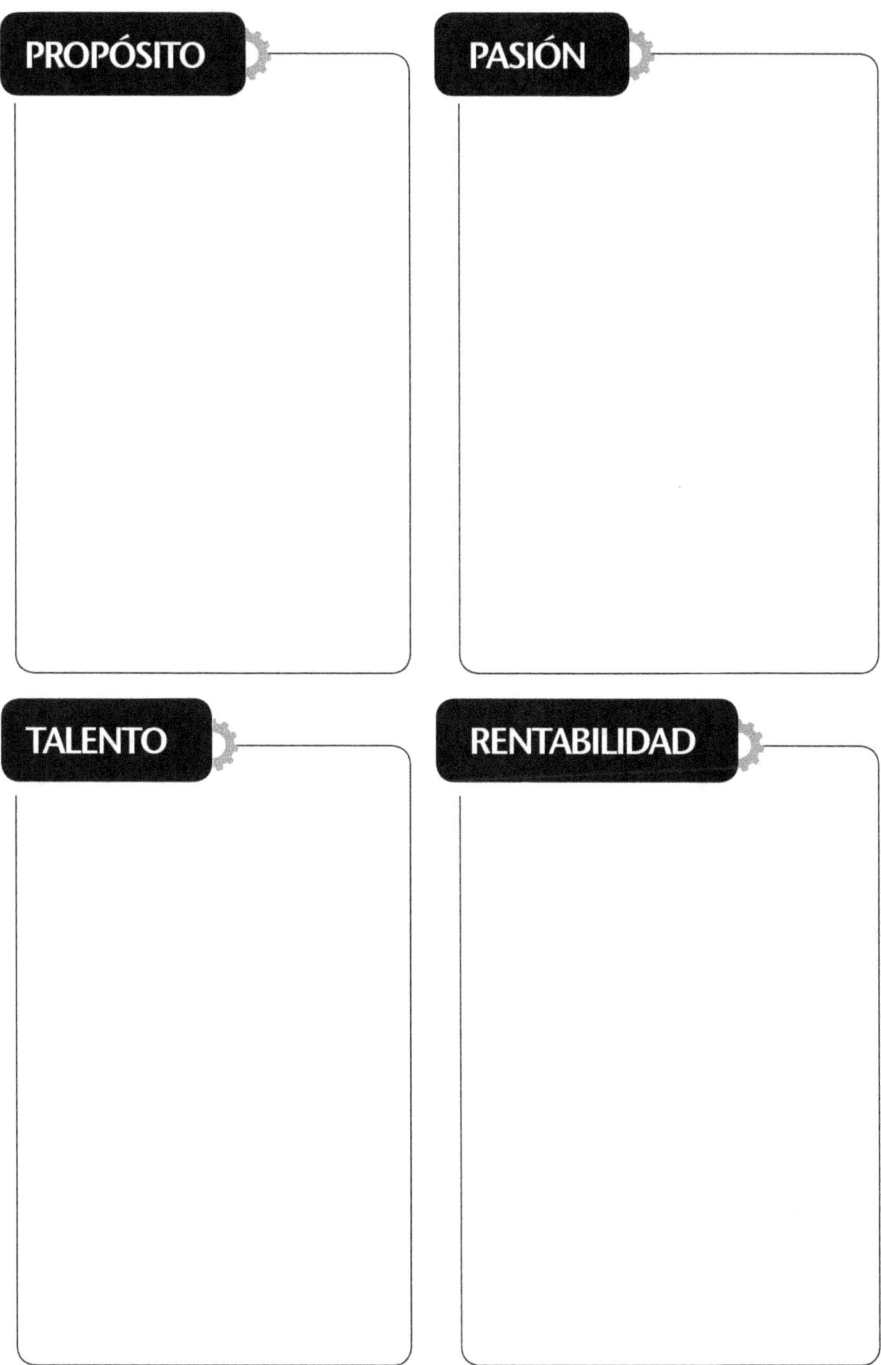

PROPÓSITO

PASIÓN

TALENTO

RENTABILIDAD

Mis prioridades de Desarrollo

En el siguiente espacio puede listar las actividades que debe desarrollar para alcanzar su objetivo.

Zona de Aprendizaje

Utilice estos apartados para escribir sus nuevos aprendizajes.

Zona de Acción → DEL SUEÑO A LA REALIDAD
Escriba su sueño y luego identifique qué actividades realizará para alcanzarlo.

Manejo del dinero

PRESUPUESTO DE INGRESOS Y EGRESOS

 **BALANCE GENERAL**

CÁLCULO DEL COSTO

 **ESTADO DE RESULTADOS**

DETERMINACIÓN DEL PRECIO

FLUJO DE EFECTIVO

PUNTO DE EQUILIBRIO PRECIO

 ## ¿Qué hay para mí?

De acuerdo con John A. Tracy, los empresarios a menudo tienen idea de cómo van sus negocios, pero a veces sus impresiones no son acertadas. Por ello, deben prepararse para interpretar adecuadamente la información que le brindan los informes financieros. Esto no sólo le permitirá comprender el giro de su empresa, sino el de otras empresas que compiten con usted lo que le permitirá tomar ventaja.

Los principales informes financieros son el Balance, el Estado de Resultados y el Estado de Flujo de Efectivo aunque, dado que estos se preparan a partir de distinta información, también es importante saber interpretar reportes como inventarios y sistemas de contabilidad de costos.

¿Cuál es el Objetivo del Curso?

Desarrollar sus habilidades para interpretar estados financieros, fijar costos y precios y establecer el punto de equilibrio.

Para alcanzar ese objetivo, se desarrollan los contenidos que se listan a continuación.

CONTENIDOS

- Balance
- Estado de Resultados
- Flujo de Efectivo

Si usted comprende a cabalidad lo que estos informes le ofrecen, estará al tanto de su salud financiera.

¡Bienvenido!

 **Autoevaluación**

¿Qué información se encuentra en un Estado de Resultados?

¿De los estados financieros que le muestra su contador ¿a cuál le presta más atención?

¿Cómo determina usted el costo de producir lo que vende?

¿Cómo determina cuántas unidades debe vender para no entrar en déficit?

"El conocer

las finanzas del negocio es lo primero, lo segundo y lo tercero".

Thomas Fuller

LA SALUD DE LA EMPRESA A TRAVÉS DE LOS INFORMES FINANCIEROS

De todos los procedimientos que su contador realiza para llevar el control de los ingresos y gastos de la empresa y de todos los informes que puede preparar, hay tres que usted debe comprender a cabalidad (¡No se preocupe; no es tan complicado!)

- El Balance General
- El Estado de Resultados y
- El Flujo de Efectivo.

A continuación analizaremos, paso a paso, la información que en ellos se incluye y la forma de interpretarla.

BALANCE GENERAL

Es un resumen, a una fecha determinada, de lo que tiene la empresa, de lo que debe, de lo que le deben y, por lo tanto, de lo que realmente posee; no muestra ni el flujo de efectivo ni las utilidades; es, más bien, una imagen estática de la empresa. El balance general se integra a partir de tres tipos de información: activo (1.1), pasivo (1.2) y patrimonio (1.3).

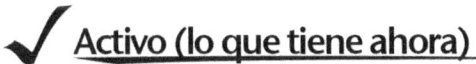
Activo (lo que tiene ahora)

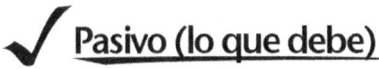
Pasivo (lo que debe)

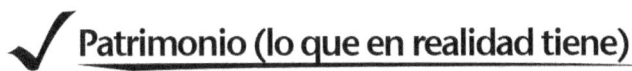
Patrimonio (lo que en realidad tiene)

1.1 ACTIVOS

Esto es la suma de lo que vale todo lo que la empresa posee: activo circulante (1.1.1), activo fijo (1.1.2) y activo diferido (1.1.3).A continuación se presenta una descripción de cada uno y un valor (identificado con una letra mayúscula) que nos va a servir para analizar un ejemplo de Balance General.

1.1.1 Activo circulante.

Aquí se incluyen todos los activos que se pueden convertir en efectivo en el corto plazo, es decir, en el período normal de operaciones. Incluye:

Caja	Dinero en efectivo o cheques que tiene guardado en algún lugar de la empresa.	1000.00	A
Bancos	El dinero que tiene en una o varias cuentas corrientes en uno o más bancos.	10000.00	B
Cuentas por cobrar	Lo que le deben los clientes, los trabajadores o los amigos y que está respaldado en documentos que aún no ha cobrado porque no han vencido.	5000.00	C
Inventarios	Detalle del valor que tiene en materias primas, productos en proceso y productos terminados.	15000.00	D
TOTAL ACTIVO CORRIENTE		31000.00	E

1.1.2 Activos fijos.

En los activos fijos se incluye todo lo que la empresa tiene invertido en inmuebles, herramientas, maquinaria, mobiliario, etc. y cuyo precio se fija por su costo actual en el mercado. Sin embargo, dada la índole de estos activos, hay que calcular su depreciación.

Equipo	Escritorios, sillas, mesas.	4000.00	F
Depreciación		-300	
Equipo de cómputo	Computadoras, impresoras, etc.	9000.00	G
Depreciación		-500.00	
Bienes inmuebles	Terrenos, locales, casas, bodegas, etc. que pertenecen a la empresa.	30000.00	H

1.1.3 Activo diferido.

Representa las posesiones o inversiones de la empresa que no se pueden convertir en efectivo en el corto plazo.

Inversiones a largo plazo	Dinero invertido en cuentas a largo plazo.	6000.00	J
Anticipo de impuestos	Monto de los impuestos pagados como anticipo.	2000.00	K
TOTAL ACTIVO DIFERIDO		8000.00	L

TOTAL ACTIVOS
(monto total del activo circulante, activo fijo y activo diferido):
81200.00 (M)

1.2 PASIVO

El pasivo lo constituyen los montos que debe la empresa. Al igual que los activos, hay varios tipos de pasivos.

1.2.1 Pasivo corriente.

Monto de lo que se debe pagar en un año plazo.

Sobregiros	Monto de los sobregiros vigentes a la fecha en que se elabora el balance.	3000.00	N
Cuentas por pagar a proveedores	Monto de la deuda por compras hechas a crédito a los proveedores.	8000.00	Ñ
Anticipos	Monto de los anticipos hechos por los clientes por un trabajo que aún no se les ha entregado.	11000.00	O
Cuentas por pagar	Monto de otras cuentas por pagar a personas individuales o jurídicas que no son proveedores como entidades financieras a quienes les hicimos un préstamo (incluye el monto total de lo que se les debe más los intereses).	12000.00	p
Prestaciones y cesantías consolidadas	Incluye lo que se les debe a los trabajadores por prestaciones (bono 14, aguinaldo, etc.) o indemnizaciones (toda empresa debería de abrir un fondo para cubrir estas obligaciones).	14000.00	Q
Impuestos por pagar	Monto de los impuestos que se adeudan a la fecha en que se elabora el balance.	500.00	R
TOTAL PASIVO CORRIENTE		48,500.00	S

1.2.2 Pasivo a largo plazo.

Es el monto total de lo que se debe por préstamos pero que no vencen en el año en que se está haciendo el balance.

Obligaciones Bancarias	Préstamo hipotecario.	16000.00	T
TOTAL PASIVO LARGO PLAZO		16000.00	U

1.2.2 Otros pasivos.

Se incluyen los montos que no se pueden clasificar ni en pasivos corrientes ni en y pasivos a largo plazo; por ejemplo, el valor del depósito que nos dejó un inquilino.

Arrendamiento recibido por anticipado		3500.00	V
TOTAL OTROS PASIVOS		3500.00	W

TOTAL PASIVO
(monto total del pasivo corriente, pasivo a largo plazo y otros pasivos):
68000.00 (X)

1.3 PATRIMONIO

Representa lo que realmente tiene la empresa en la fecha en que se elabora el balance. Se calcula restando los activos de los pasivos.

Monto total del activo	81200.00 (M)
Monto total del pasivo	68000.00(X)
Patrimonio	13200.00 (Y)

El valor del patrimonio se coloca inmediatamente después del monto total del pasivo de tal manera que al sumarlo, el total sea igual al de los activos.

Para este ejercicio, el balance quedaría de la manera siguiente:

BALANCE GENERAL
NOMBRE DE LA EMPRESA
A FECHA

ACTIVO			PASIVO		
ACTIVOS CORRIENTES			**PASIVO CORRIENTE**		
Caja	1000.00	A	Sobregiros	3000.00	N
Bancos	10000.00	B	Cuentas por pagar a proveedores	8000.00	Ñ
Cuentas por cobrar	5000.00	C	Anticipos	11000.00	O
Inventarios	15000.00	D	Cuentas por pagar	12000.00	P
TOTAL ACTIVO CORRIENTE	31000.00	E	Prestaciones y cesantías consolidadas	14000.00	Q
ACTIVOS FIJOS			Impuestos por pagar	500.00	R
Equipo	4000.00	F	TOTAL PASIVO CORRIENTE	48500.00	S
- Depreciación	-300.00		**PASIVO A LARGO PLAZO**		
Equipo de cómputo	9000.00	G	Obligaciones bancarias	16000.00	T
- Depreciación	-500.00		TOTAL PASIVO A LARGO PLAZO	16000.00	U
Bienes inmuebles	30000.00	H	**OTROS PASIVOS**		
TOTAL ACTIVOS FIJOS	42200.00	I	Arrendamiento por anticipado	3500.00	V
OTROS ACTIVOS			TOTAL OTROS PASIVOS	3500.00	W
Inversiones a largo plazo	6000.00	J	**TOTAL PASIVO**	68000.00	X
Anticipo de impuestos	2000.00	K	**TOTAL PATRIMONIO**	13200.00	Y
TOTAL OTROS ACTIVOS	8000.00	L	**TOTAL PASIVO Y PATRIMONIO**	81200.00	Z
TOTAL ACTIVOS	81200.00	M	**BALANCE**	0.00	

Por lo tanto, el balance siempre es 0.

ESTADO DE RESULTADOS (ESTADO DE GANANCIAS O PÉRDIDAS)

El estado de resultados muestra un resumen de los resultados de operación de una empresa en un período determinado. Su objetivo principal es determinar la utilidad o pérdida del negocio; es entonces una herramienta que refleja cuánto se ha ganado o perdido, durante un período de tiempo, como resultado de sus operaciones.

En el Estado de Resultados se muestra el monto de los ingresos y de los egresos totales; además indica a cuánto asciende el margen bruto y las utilidades que se tuvieron antes del pago de los impuestos, así como el monto del ingreso neto. El margen bruto permite analizar si se tiene el suficiente margen para cubrir los gastos mientras el ingreso neto muestra lo que realmente se ganó.

El Estado de Resultados muestra la siguiente información:

Ventas brutas	Monto total de lo vendido ya restados los descuentos y las devoluciones; este renglón es básico para determinar las utilidades y, por lo tanto, debe guardar cierta proporción con la inversión en activos y viceversa.
-Costo de los bienes vendidos	Monto total de lo que costó la mercadería vendida incluyendo el valor de las compras, los inventarios iniciales y finales, así como gastos de transporte.
=Utilidad bruta	Resta entre monto de lo vendido y costo de los bienes; si el monto de lo vendido es mayor al monto del costo de los bienes vendidos se tiene una utilidad; si es al revés, se tiene una pérdida. Esta cifra permite calcular la proporción que de las ventas netas representa la utilidad.
Gastos de operación	Incluyen los gastos ocasionados para comprar y vender y administrar el negocio. O sea gastos de venta y gastos de administración.
Gastos de venta	Entre los gastos de venta se incluyen gastos de publicidad, salarios, gasolina, etc.).
Gastos de administración	Entre los gastos de administración se incluye el alquiler del local, el pago del servicio de energía eléctrica, agua, teléfono, etc.
Utilidad bruta de operación	Diferencia entre Utilidad Bruta y Gastos de Operación (utilidad si es positivo o pérdida si es negativo).
Depreciaciones sobre vehículos	Monto anual de depreciación de vehículos.
Depreciaciones sobre mobiliario y equipo	Monto anual de depreciación de mobiliario y equipo.

Utilidad neta de la operación	Monto de la utilidad bruta menos la depreciación.
Otros ingresos	Ingresos por alquileres, dividendos, intereses, comisiones, regalías, etc.
Otros gastos	Gastos que no son generados por las operaciones regulares de la empresa.
Utilidad antes de gastos financieros	Diferencia entre el monto de la utilidad neta, la suma de otros ingresos y la resta de otros gastos.
Gastos financieros	Gastos en los que se incurre por uso de fondos externos (préstamos) como intereses, comisiones pagadas, etc.
Utilidad antes de impuesto sobre la renta y participación de los trabajadores (PT) en utilidades si está contemplado.	Diferencia entre utilidad antes de gastos financieros y gastos financieros.
Monto del ISR (Impuesto sobre la Renta) y PT	Monto pagado en concepto de ISR (depende del régimen en el que esté inscrita la empresa) y PT si aplica.
Utilidad neta del ejercicio	Diferencia entre utilidad antes de impuesto sobre la renta y participación de los trabajadores (PT) en utilidades y monto del ISR y PT.

A continuación se incluye un ejemplo.

Concepto	Monto	Monto
Ventas		200000
Costo de bienes vendidos		40000
Utilidad bruta		160000
Gastos de operación	20000	
Gastos de venta	5000	
Sueldos	60000	
Alquileres	36000	
Gastos generales	7000	
Utilidad bruta de operación	32000	
Depreciaciones sobre vehículos	1000	
Depreciaciones sobre mobiliario y equipo	2000	
Utilidad neta de operación	29000	
Gastos financieros	4000	
Utilidad neta antes de impuestos	25000	
Impuesto sobre la renta (5%)	1250	
Utilidad neta del ejercicio	23750	
Utilidad retenida: 5000		
Utilidad repartida: 18750		

| Utilidad Retenidas | Utilidades que se han invertido en la empresa. |
| Utilidades repartidas | Valor de las utilidades que se repartieron entre los socios o accionistas. |

El estado de resultados se puede hacer para cualquier período (un año, un semestre, un trimestre, un mes). Además, todos los rubros incluidos después de Utilidad Bruta pueden transformarse en porcentajes de tal manera que el empresario pueda saber qué porcentaje representa cada uno de los rubros en los que gasta.

ESTADO DE FLUJO DE EFECTIVO

Muestra el monto de los ingresos y de los egresos lo que permite determinar cuáles son las necesidades de efectivo.

¿Se ha preguntado por qué el flujo de efectivo y las utilidades no son iguales?

Si los chocolates que le costaron un Quetzal los vende a noventa centavos, tendría un enorme flujo de efectivo pero perdería 10 centavos por cada chocolate vendido por lo que no tendría utilidades. En este ejemplo, el Estado de Resultados le indicaría cuánto perdió o ganó en esa operación mientras que el Estado de Flujo de Efectivo le indicaría cuánto dinero tuvo disponible.

Por ello, el Estado de Flujo de Efectivo es muy complejo de elaborar ya que requiere un profundo conocimiento de la contabilidad de una empresa. Un Estado de Flujo de Efectivo muestra el efectivo generado y utilizado en las distintas operaciones y debe elaborarse a partir de las distintas partidas del Balance General que inciden en el efectivo. Su propósito es determinar la capacidad que tiene la empresa para generar efectivo que le permita cumplir con sus obligaciones y con sus proyectos de ampliación por lo que debe reflejar claramente el entorno económico, la demanda de información, la generación de recursos y la solvencia que se tiene.

Una empresa puede invertir efectivo o colocarlo en una cuenta que genere intereses hasta que lo necesite para financiar la empresa. Las ganancias que obtenga de los intereses y las inversiones son flujos de efectivo contables, pero no son utilidades. Un negocio de rápido crecimiento podría tener flujo de efectivo negativo, aunque fuera rentable, y una empresa que reduce su crecimiento por no ser rentable podría tener flujo de efectivo positivo. Por lo tanto, no se deje engañar por gerentes que tratan de ocultarle los problemas de rentabilidad mientras enfatizan el alto flujo de efectivo. Por regla general, se considera efectivo los valores contabilizados en caja, bancos, remesas en tránsito, cuentas de ahorro y fondos (actividades de Operación, Inversión y Financiación). Además, en su elaboración debe analizarse el Balance General de los dos últimos años y el último Estado de Resultados.

Actividades de operación	Incluye el monto de las actividades relacionadas con el quehacer de la empresa: producción o comercialización de sus bienes o prestación de servicios (compra y venta de mercaderías, pagos de servicios públicos, salarios, impuestos, etc.) así como inventarios, cuentas por cobrar y pagar, pasivo laboral e impuestos.
Actividades de inversión	Inversiones que se tienen en activos fijos, en compra de inversiones en otras empresas, títulos, valores, etc. así como lo que se invierte en aumentar la capacidad productiva.
Actividades de financiación	Incluye la adquisición de recursos para la empresa, que pueden ser de terceros (pasivos) o de sus socios (patrimonio); es decir, la capitalización mediante aportes de los socios o la venta de acciones.

Vea el siguiente ejemplo.

Concepto	Monto parcial	Monto total
Actividades de operación		
Recaudo de clientes		358200
Pagos a empleados		-65000
Pagos a proveedores		-162800
Pagos otros gastos ventas y admon.		-40000
Efectivo generado en operación		90400
Pagos gastos financieros		-25000
Pagos impuestos		-6800
Rendimiento inversiones		1800
Flujo efectivo neto en operación		60400
Actividades de inversión		
Compra PP y equipo	-30000	
Compra de inversiones	-12000	
Venta de inversiones	4000	
Flujo de efectivo neto en inversión		-38000
Actividades de financiación		
Emisión de acciones	60000	
Nuevas obligaciones a largo plazo	50000	
Pago obligaciones largo plazo	-80000	
Pago obligaciones bancarias	-6500	

Pago dividendos	-9000	
Flujo efectivo neto en financiación		14500
Aumento en efectivo		36900
Efectivo 31/12/2008		1800
Efectivo 31/12/2009		38700

El ejemplo anterior se elaboró por el método directo en el que las actividades se presentan como si se tratara de un estado de resultados por el sistema de caja.

El siguiente es un ejemplo de un Estado de Flujo de Efectivo calculado con el método indirecto en el que se concilian la utilidad neta y el flujo de efectivo neto de las actividades de operación.

Concepto	Monto parcial	Monto total
Actividades de operación		
Utilidad del periodo		55000
Partidas que no afectan el efectivo		
Depreciación	22500	
Ajustes por inflación	-42000	
Utilidad venta inversiones	-1200	-21500
Efectivo generado en operación		33500
Cambio en partidas operacionales		
(-) Aumento cuentas por cobrar	-1800	
(+) Disminución en inventarios	2200	
(+) Aumento cuentas por pagar	5000	
(+) Aumento en oblig. Laborales	5000	
(+) Aumento en impuestos	16500	26900
Flujo neto efectivo en actividades		60400
Actividades de inversión		
Compra PP y equipo	-30000	
Compra de inversiones	-12000	
Ventas de inversiones	4000	
Flujo neto efectivo en inversión		-38000
Actividades de financiación		
Emisión de acciones	60000	
Nuevas obligaciones largo plazo	50000	

Pago obligaciones largo plazo	-80000	
Pago obligaciones bancarias	-6500	
Pago de dividendos	-9000	
Flujo neto efectivo en financiación		14500
Aumento efectivo		36900
Efectivo 31/12/2008		1800
Efectivo 31/12/2009		38700

PARA TOMAR EN CUENTA

Sobre los estados financieros:

- Todos los estados financieros deberían incluir notas explicativas de las transacciones que se incluyeron; comprender lo que dicen le ayudará a tomar las decisiones más acertadas.

- Usted puede negociar con su contador la periodicidad con que prepare cada uno de los reportes financieros; al fin y al cabo, usted es quien toma las decisiones.

- Mientras más detallados estén los rubros de gastos, más información tiene usted para analizar en qué rubros pueden hacerse recortes (al disminuir los gastos aumentan sus utilidades).

- Contrate un auditor externo para que revise los informes que elabora su contador; eso le ayudará a reducir errores e incluso fraudes.

- Aprender a leer los informes financieros le ayudará a determinar qué tan saludables son las finanzas de su empresa y, por lo tanto, a tomar decisiones a tiempo.

- Apéguese al régimen tributario en el que se inscribió (varios estudios muestran que los inversionistas ven mal los cambios repentinos).

- Tome en cuenta que toda la información incluida en los estados financieros se interrelaciona; por ejemplo, el ingreso por ventas en el Estado de Resultados se relaciona con las cuentas por cobrar en el Balance General, si aparecen. Las cuentas por cobrar muestran un periodo promedio de cobranza; si éstas se elevan de manera desproporcionada con relación a las ventas, pueden indicar un problema de cobranza. El costo de bienes vendidos en el Estado de Resultados se relaciona con el total en el Balance General ya que son existencias hasta que los vende.

Costo y depreciación de sus bienes

- Analice bien qué método va a utilizar para manejar su inventario. El más común es el UEPS (último en entrar, primero en salir) ya que ese reduce los márgenes brutos, la rentabilidad y los impuestos ya que si los precios suben, los artículos viejos cuestan menos que los actuales aumentando su utilidad. Pero también está el método PEPS (primero en entrar, primero en salir) que es el que le convendría si lo que compra caduca. Además está el método de "Costo Promedio Ponderado". Si detecta que el inventario crece y las compras bajan, debe dejar de comprar para tratar de mantener el menor inventario posible sin dejar de vender. Recuerde que el inventario reduce el efectivo. Determine la cantidad de tiempo promedio que debe mantener su inventario. Si el costo anual de los bienes que vende es de 20,000 y sus existencias son de 5,000 significa que rota el inventario cuatro veces al año, o sea, lo mantiene un promedio de 13 semanas. Calcule el periodo óptimo.

Fijación de precios

Como emprendedor, usted deberá asignar un valor monetario a su producto o servicio. Para ello, debe considerar que este valor monetario será la variable crucial en sus ingresos. Por ello, debe considerar que el precio no se resume a una expresión en términos de dinero o el valor de un producto o servicio intangible, sino más bien un conjunto de percepciones y voluntades a cambio de beneficios reales percibidos como tales.

Una forma básica para estimar el precio es utilizando la siguiente ecuación:

$$P = \text{costo de producción} / 1 - \text{margen de ganancia}$$

A partir de esta ecuación podrá fijar el precio teniendo en cuenta el costo de producir una unidad de su producto o de facilitar su servicio. El margen de ganancia apuntará a la utilidad por unidad a la que usted apuntaría. Por ejemplo, si su intención fuera generar el 60% de ganancia, la ecuación anterior debería de expresar un 0.60. Finalmente, el precio fijado deberá cotejarlo con sondeos y estudios a partir de la disposición de pago actual por productos similares.

Análisis de los costos

"Puedo decir que cuando las ventas suben todos los costos son variables. Pero cuando las ventas bajan, todos los costos son fijos". Anónimo

Si se detiene a pensar por un momento en la tarea de cubrir sus costos, saltará a la vista que existe una relación directa entre el precio como un factor en el cual recae toda la generación de ingresos pues las utilidades se determinan a partir de la operación:

Utilidades (U) = Ingresos (I) – Egresos (E).

Por el otro lado, la multiplicación del precio de venta (P) y la cantidad que se venda del producto o servicio (Q), determina los ingresos. Por lo tanto, el precio fijado no debe ser tan bajo que no permita cubrir los costos pero tampoco tan alto como para que los consumidores no estén dispuestos a pagarlo o que esté por encima del precio de nuestros competidores. Por ello, el cálculo de costos es un proceso muy importante.

El valor de costos permite:
- Obtener una base objetiva para calcular el margen de recuperación de costos a través de la venta de mi producto o servicio.
- Conocer qué bienes o servicios producen utilidades o pérdidas y tener una idea aproximada de la magnitud de las mismas.
- Controlar los costos reales en comparación con los costos predeterminados: básicamente la comparación entre el costo presupuestado con el costo realmente generado o post-cálculo.
- Comparar los costos entre los departamentos de la empresa, comparar los costos entre la empresa y la competencia y comparar los costos entre distintos períodos.
- Localizar los puntos más débiles en los que se requiere reducir y controlar los resultados de esa reducción.
- Diseñar nuevos productos y servicios que satisfagan las expectativas de los clientes y que, a la vez, le reporten un beneficio.
- Orientar las decisiones sobre la inversión, eligiendo los mejores proveedores, negociando el precio con los clientes, estructurando procesos de distribución eficientes y mejorar la planificación y el control.

Egresos
Aunque generalmente todos los egresos se registran y pagan en un solo período contable, algunos se pagan a plazos. Cuando se incurre en un gasto, se crea pasivo; si no lo paga inmediatamente, crea una cuenta por pagar. Deduzca el porcentaje de amortización autorizado, aunque usted sepa que sus bienes no han perdido tanto valor. Mantenga un cálculo de depreciación para cada activo importante.

Financiamiento
Los inversionistas y prestamistas escudriñarán sus informes financieros y no todos escudriñan lo mismo; unos compararán dos balances generales para determinar

la solvencia a corto plazo; a otros les interesa comparar la deuda con el capital y la utilidad por ventas y lo hacen dividiendo el ingreso neto (si es positivo) entre el ingreso por ventas.

Además seguramente les interesará conocer el valor de sus acciones y cuánto tienen que invertir para tener un determinado monto de ganancia.

Utilidades

Refleje datos reales. Aunque tenga la tentación de incluir, en la contabilidad de su empresa, gastos personales, para disminuir impuestos, no lo haga; si los egresos son altos, su utilidad disminuirá y, aunque usted sabe que no fue así, los posibles inversionistas lo verán de ese modo. Recuerde que su ingreso neto es la ganancia calculada después de los gastos. Si su empresa retiene el ingreso neto, súmelo al capital: capital invertido y utilidades retenidas por la empresa; pagar dividendos reduce sus utilidades.

Para obtener la ganancia por acción, divida el ingreso neto entre el número de acciones emitidas (si vendió 50,000 y tiene 5,000 acciones) cada acción vale 10. Si las acciones las vendió en 2 y vendiera sus activos, podría cubrir sus deudas y distribuir el excedente a los accionistas.

Y si quiere vivir una vida financiera saludable, tome en cuenta los consejos que Dave Ramsey, ofrece en su libro "La Transformación Total de su Dinero".

- Elabore un presupuesto.
- Ahorre, lo más rápidamente que le sea posible, Q.10,000. Esto le permitirá contar con un fondo para cubrir imprevistos; además, le dará bienestar mental.
- Pague sus deudas. Ramsey recomienda cancelar las deudas utilizando el efecto "bola de nieve", es decir, debe establecer la cantidad que pueda pagar mensualmente, ordena sus deudas de menor a mayor, sin incluir hipotecas u otras deudas de largo plazo, y a medida que vaya cancelando una, utilice el dinero para pagar la siguiente, pagando un mínimo para cada una.
- Mantenga un fondo de emergencias equivalente a lo que gana en un período de 3 a 6 meses por si pierde o decide cambiar de empleo o sufre un accidente que lo incapacite para trabajar.
- Maximice su fondo de pensiones. Trate de ahorrar, como mínimo, un 15% de sus ingresos.
- Establezca un fondo que le ayude a pagar la universidad de sus hijos.

- Pague su hipoteca. Abone lo más que pueda; de esta forma, la pagará más rápido, ahorrará intereses y tendrá un mejor rendimiento de su dinero.
- Cree riqueza. Cuando pague su hipoteca, invierta su dinero para maximizar sus ganancias.

Naturalmente que, mientras menos gaste, más tendrá para lograr cada uno de los pasos indicados.

CASO No. 1

El caso Grimoldi, S.A.

Grimoldi fue fundada en 1895 por el Sr. Alberto Grimoldi, un inmigrante italiano que se estableció en Buenos Aires, Argentina. El Sr. Grimoldi trajo el "cómo hacer" en el área de fabricación de zapatos. A finales de la década de los años 80 e inicios de los 90, bajo la dirección de un nuevo Alberto Grimoldi (bisnieto del inmigrante italiano), la empresa cambió su estructura. Grimoldi decidió dejar de producir zapatos con su nombre y se dedicó a obtener licencias de producción y comercialización de marcas internacionales enfocadas en segmentos de ingresos más altos.

El cambio permitió a Grimoldi incrementar su capital de siete a ochenta millones de dólares en un periodo de 5 años. A pesar del éxito obtenido, la empresa empezó a resentir las consecuencias de la recesión que afectó a Argentina en el periodo de 1998-2002.

Argentina, experimentó una crisis económico-financiera muy severa. En 1991, en el primer gobierno de Carlos Menen se promulgó la Ley de Convertibilidad. Con esta se fijó el tipo de cambio con el objeto de bajar la inflación de fines de los 80. Desde el segundo gobierno de Carlos Menen, el país vivió un contexto económico internacional volátil que limitó el crecimiento del país. La situación económica se hacía insostenible. Por ejemplo, 900 fábricas de zapatos cerraron desde 1995.

¿Cómo sobrevivió Grimoldi a la crisis?

Se tomaron varias medidas...

1) En la crisis de devaluación, la empresa empezó a importar menos y a producir más.
2) Implementó el sistema Wave (manejo de inventarios): éste hace un seguimiento de los zapatos desde que se producen hasta que se venden; esto le permitió reducir el stock de 600 mil pares a menos de 400 mil.

3) Refinanció su deuda: la crisis económica hizo renegociar la deuda con los acreedores en distintas ocasiones.

4) Mejoró la eficiencia de las operaciones: con la crisis se incrementó la necesidad de ejercer un control de costos más fuerte y maximizar el uso de capital de trabajo.

5) Comenzó a vender por Internet: las cuentas manejadas por este medio permitieron disminuir las cuentas por cobrar, incrementar la rotación de activos fijos e inventarios y elevar las ventas.

Las medidas fueron acertadas; la empresa se encontraba en una etapa de crecimiento aunque su liquidez había disminuido aumentando el riesgo.

Una compañía puede ser muy rentable, pero si no cuida su liquidez, irá a la bancarrota.

Grimaldi, S.A. logró, en el año 2002, aumentar su capital social y de inversiones, reducir los gastos por intereses y utilizar ese capital extra para financiar, en ese mismo año, la adquisición de "Outdoor S.A" y con ello la representación de la marca Timberland.

¿Como el contexto socioeconomico afecta de forma determinante a la empresa?

¿Que acciones realizó la empresa para adaptarse a la situacion del contexto?

CASO No. 2

Cómo mantener finanzas saludables con la venta de productos estacionales: los Productos Hanson Ski.

¡Lástima que el invierno dura tan poco!

Hanson Ski era un importante fabricante de botas de alta calidad para esquiar, domiciliada en Colorado. Aunque era un participante relativamente nuevo en el mercado, para el año 1984, sus ingresos lo ubicaban entre los primeros diez fabricantes de botas para esquiar en todo el mundo. Una de las clases para la penetración exitosa de Hanson Ski estaba en el diseño. La revista Fortune llamó a la bota especialmente diseñada, que competía a nivel mundial, "uno de los 25 productos mejor diseñados que se encuentran en Estados Unidos."

El negocio de botas de Hanson Ski dependía mucho de las temporadas y se podía dividir en colocación de pedidos, despacho y cobranza.

Los despachos se iniciaban en julio; llegaban a su máximo en agosto y permanecían a un nivel elevado hasta diciembre, cuando disminuían gradualmente. La mayor parte de la recaudación de cuentas por cobrar de Hanson Ski se iniciaba en el mes de diciembre siguiente a la fase de despacho. En un año empresarial normal, el periodo de cobranza duraba cerca de 75 días. Sin embargo, un año con poca nieve tenía el efecto de alargar significativamente el periodo de cobranza.

En febrero de 1986 Hanson Ski había obtenido la aprobación de una línea de crédito por $4.2 millones, para el año fiscal 1987 a una tasa de 3.75% por parte de un grupo de bancos encabezados por el United Bank of Denver. Hanson Ski podía girar contra la línea de crédito hasta el 79% del costo de sus inventarios y el 80% de sus cuentas por cobrar vigentes. Además Hanson Ski tenía una serie de préstamos que saldar, concedidos por los accionistas. En noviembre de 1986, se vencía un total de $841,000 en préstamos.

Para el año 1991, Hanson Ski predecía que los ingresos generados por la botas para esquiar se acercarían a los 26 millones; más allá de ese punto, se esperaba que el volumen unitario de las ventas sólo aumentara en proporción con el crecimiento global del mercado.

Pregunta de reflexión....

¿Qué hace compleja la administración financiera de Hanson Ski?

_____

_____

_____

¿Qué ideas podría aportar para mantener un flujo de caja constante?

_____

_____

_____

La relación eterna.

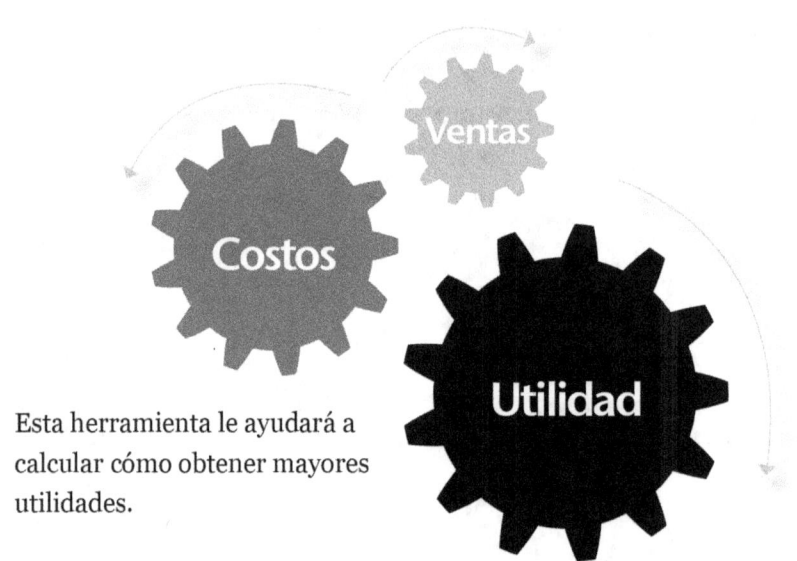

Esta herramienta le ayudará a calcular cómo obtener mayores utilidades.

El calculo de costos de la fabrica de chocolates Anteca

Anteca se dedica a la producción de chocolates de manteca de cacao de calidad. Para realizar sus operaciones, cuenta con una oficina, un local de ventas y un complejo pequeño para llevar a cabo la producción. Dado que su propietario se está iniciando en el negocio, destina medio día para la producción y la otra parte para la administración y las ventas.

Luego de llevar a cabo sus operaciones, ciertas interrogantes comienzan a surgir. Entre ellas las siguientes:

- ¿Cuáles son mis costos fijos y variables?
- ¿Cuál es el costo por cada docena de chocolates producidos?
- ¿Cuál es mi margen de contribución?
- ¿Cuál es el punto de equilibrio de mi empresa?
- ¿Cuál es el resultado final de mis operaciones mensuales?

Para responder a estas preguntas, cuenta con la siguiente información:

1. Costo de materias primas

(El propietario estima que una docena de chocolates surtidos pesa un Kilogramo).

Tabla 1

Materia Prima	Unidad	Precio por Unidad ($)	Cantidad por Docena	Costo por Docena ($)
Caramelo	Kg.	0.50	0.490 Kg.	0.24
Leche entera	Litro	0.50	0.230 Lit.	0.12
Manteca	Kg.	3.00	0.200 Kg.	0.45
Azúcar	Kg.	0.50	0.050 Kg.	0.02
Cocoa (sobres)	Docena	0.90	1	0.08
Diluyente	Kg.	2.40	0.015 Kg.	0.04
Sal, esencias, etc.	Kg.	0.80	0.015 Kg.	0.02
TOTAL				$ 0.97

2. Costo de mano de obra

Los chocolates son elaborados por el propietario que estima que el valor de su trabajo es de $0.30 por docena producida.

3. Gastos mensuales de la empresa

Tabla 2

Alquiler del local	300.00
Servicios públicos	100.00
Transporte	100.00
Publicidad	300.00
Papelería	100.00
Mantenimiento	200.00
Otros gastos	200.00
Remuneración del propietario	1,200.00
Impuestos	145.20
TOTAL	$ 2,545.20

4. Mobiliario y equipo (depreciación)

El propietario prevé que, al término de la vida útil de sus instalaciones y maquinaria deberá reponerlos por lo que necesitará ahorrar. El valor de las depreciaciones lo detalla en la tabla siguiente:

Tabla 3

Muebles y Equipos	Valor ($)	Vida útil (años)	Depreciación (anual)	Depreciación (mensual)
Equipos e Instalaciones de Producción y Venta	15,000.00	10	1,500.00	125.00
Computadora	1,000.00	4	250.00	20.83
Escritorio / sillas	600.00	10	60.00	5.00
Otros muebles	400.00	10	40.00	3.33
TOTAL				$ 154.16

5. Ventas

El promedio mensual de ventas de Anteca es de 4,000 docenas de chocolates surtidos y el precio de cada docena es de $2.40. Por ende, el importe total de las ventas mensuales será entonces:

Ventas mensuales = 4,000 docenas x $2.40 = $9,600.00

¿Cuáles son los costos variables de la fábrica?

Para calcularlos se suma el valor unitario por docena de la materia prima (0.97) más el valor por docena de la mano de obra (0.30)

0.97+0.30=1.27

¿Cuáles son los costos variables mensuales (CVM)?

Dado que el costo variable mensual resulta de multiplicar las docenas de chocolate producidas por el costo variable por docena, sus costos variables mensuales son:

CVM = 4,000 x $1.27 = $5,080.00

¿Cuáles son sus costos fijos?

El monto de sus costos fijos mensuales se determina a partir de sus gastos mensuales (vea la tabla 2) más el valor mensual de la depreciación (vea la tabla 3):

2545.20+154.16 = 2749.36

¿Cuál es su costo fijo unitario?

Para calcular el costo fijo unitario se debe tener en cuenta la razón del costo fijo total y el costo total de la producción mensual.

Costo Fijo Unitario = Costo Fijo Total / Cantidad

Costo Fijo Unitario = $2,749.36 / 4000

Costo Fijo Unitario = $0.69

¿Cuál es el costo total unitario?

Costo Total Unitario = Costo Variable Unitario + Costo Fijo Unitario

Costo Total Unitario = 1.27 + 0.69

Costo Total Unitario = $1.96

¿Cuál es el margen de contribución?

A partir de ese análisis se puede obtener también el margen de contribución, es decir, cuánta ganancia marginal (cuánta ganancia obtendrá por cada unidad que se produzca adicionalmente al precio de venta fijado).

Margen de contribución (MC) = Precio de venta unitario - Costo variable unitario

MC = $2.40 - $1.27

MC = $1.13

Por lo tanto, se sabe que el Margen de Contribución equivalente a $1.13 será el que le permita cubrir el Costo Fijo Unitario de $0.69. Luego, al restar del Margen de Contribución este Costo Fijo Unitario, los $0.69 restantes dejarán una ganancia por unidad (que para el caso de Ántica es equivalente a una docena de chocolates) equivalente a $0.44.

Herramienta No.2

Para calcular el punto de equilibrio en producto se realiza la siguiente operación:

Punto de Equilibrio = Costo Fijo Total / Margen de Contribución

Punto de Equilibrio = 2,749.36 / 1.13

Punto de Equilibrio = 2,433 docenas de chocolates

Para establecer el punto de equilibrio en dinero, es decir, cuánto debe facturar mensualmente, se realiza la siguiente operación:

Punto de Equilibrio en dinero = 2,433 docenas x $2.40

Punto de Equilibrio en dinero = 5,839.20

 **Herramienta No. 3**

EL FLUJO DE CAJA

	Enero	Febrero	Marzo
Efectivo inicial	6000	16000	35800
Ingresos			
Ventas	25000	42000	21000
Total ingresos	25000	42000	21000
Egresos			
Sueldos y salarios	5000	6000	5000
Compras	3000	7000	8000
Gastos generales	7000	9200	8200
Total egresos	15000	22200	21200

Zona de inspiración

Escriba sus ideas novedosas generadas por el aprendizaje que le ayudarán en el logro de sus sueños.

Zona de inspiración

Escriba sus ideas novedosas generadas por el aprendizaje que le ayudarán en el logro de sus sueños.

 **Bibliografía**

- Finch, Brian (2010). **Administración financiera eficaz.** Kogan Page Publishers

- Hawkins, D. **Introducción al proceso de control gerencial.** Harvard Business School. 108-S01. 5 de mayo de 2005.

- Schleifer, Arthur. **Ingresos costos relevantes. Harvard Business School.** 803-S09. Agosto 1994.

- Ramsey, Dave. **La Transformación total de su dinero.** Un plan efectivo para alcanzar bienestar económico. Fecha de consulta: 18 de octubre de 2011. En línea: http://blog.instructorfinanciero.com/2009/10/la-transformacion-total-de-su-dinero.html

- Tracy, John (2004). **Cómo leer un informe financiero.** Sáquele jugo a los números. John Wiley & Sons

 **Para profundizar**

Atendiendo a su interés de autodesarrollo, encontrará bibliografía del tema desarrollado en el curso. Las referencias pueden ser de utilidad en su trabajo.

- Buffett, W. y Clark, D. (2009). **La Interpretación de Estados Financieros: Invertir en empresas con ventaja competitiva.** Barcelona. Alienta.

- Perdomo, A. (2003). **Análisis e interpretación de Estados Financieros.** Thomson. México.

- Perdomo, A. (2003). **Contabilidad de sociedades mercantiles.** Thomson. México.

 # Glosario

Acreedores.

Aquella persona que tiene derecho a exigir de otra el cumplimiento de una obligación.

Balance General.

Es el estado contable que muestra la situación financiera de una empresa a una fecha determinada. Está compuesto por tres grandes rubros: Activo (todo lo que una empresa tiene), Pasivo (todo lo que la empresa debe) y Capital (que está compuesto por el capital que dan los socios, más las utilidades de otros períodos).

Estado de Pérdidas y Ganancias.

Es aquel que muestra los ingresos, egresos y utilidades realizadas en un período determinado.

Estados financieros.

Se denominan así al Balance General y al Estado de Pérdidas y Ganancias.

Ejercicio.

Es el período comprendido entre dos balances; se puede decir que es la unidad de tiempo utilizada para acumular los resultados de una empresa.

Inventarios.

Se le puede llamar así a una relación analítica de dos bienes debidamente contados, pesados o medidos. Normalmente esta relación está valuada en dinero.

Pérdida.

Es el resultado obtenido cuando el precio a que se vende un bien es inferior a su costo de producción.

Proveedores.

Personas que abastecen a una empresa de los artículos necesarios propios del giro que explota. Es una cuenta del pasivo que registra las cantidades que se deben a los proveedores cuando éstas no han sido respaldadas con un documento mercantil.

Solvencia.

Se le llama a la carencia de deudas o capacidad para pagarlas.

Utilidad.

Es la diferencia que existe entre un ingreso y un costo, cuando el primero es mayor.

Evaluación
(Conocimiento)

Calcule el margen de utilidad si las ventas en la Fábrica de Chocolates Anteca fueron las siguientes y los costos fijos se mantuvieron constantes.

Enero	2345.00
Febrero	6700.00
Marzo	3200.00
Abril	5700.00
Total	17945.00

Evaluación (Conductas)

Como se indicó el punto de equilibrio permite establecer a qué precio debe venderse un producto o servicio para que no haya pérdidas pero tampoco teniendo ganancias.

Calcule el nuevo punto de equilibrio para la Fábrica de Chocolates Anteca si el propietario decide ya no fabricar él los chocolates sino contratar dos empleados con un salario mensual de 3,000 cada uno (recuerde que cada empleado tiene prestaciones).

Anotaciones